Pearson Scott Foresman

Libritos de práctica de fonética 16A–30C
Volumen 2

**Scott Foresman
is an imprint of**

Glenview, Illinois • Boston, Massachusetts • Chandler, Arizona
Upper Saddle River, New Jersey

Copyright © by Pearson Education, Inc., or its affiliates. All Rights Reserved. Printed in the United States of America. This publication is protected by copyright, and permission should be obtained from the publisher prior to any prohibited reproduction, storage in a retrieval system, or transmission in any form or by any means, electronic, mechanical, photocopying, recording, or likewise. For information regarding permissions, write to Pearson Curriculum Group Rights & Permissions, One Lake Street, Upper Saddle River, New Jersey 07458.

Pearson, Scott Foresman, and Pearson Scott Foresman are trademarks, in the U.S. and/or other countries, of Pearson Education, Inc., or its affiliates.

ISBN-13: 978-0-328-50225-7
ISBN-10:   0-328-50225-1
2 3 4 5 6 7 8 9 10 V011 14 13 12 11 10
CC1

Contenido

UNIDAD 4

Librito de práctica de fonética 16A
La fiesta de los animales 1

Pasaje de práctica de fonética 16B
Pingüino y Canguro 9

Pasaje de práctica de fonética 16C
La cigüeña bilingüe 11

Librito de práctica de fonética 17A
La carrera de Hugo 13

Pasaje de práctica de fonética 17B
Hugo y Horacio 21

Pasaje de práctica de fonética 17C
La fiesta de la hermanita 23

Librito de práctica de fonética 18A
Ximena la jirafa 25

Pasaje de práctica de fonética 18B
Una visita al zoológico 33

Pasaje de práctica de fonética 18C
Gerardo y Jacobo 35

Librito de práctica de fonética 19A
El conejo de Cecilia 37

Pasaje de práctica de fonética 19B
Un huerto para César 45

Pasaje de práctica de fonética 19C
Un sábado en el bosque 47

Librito de práctica de fonética 20A
Un regalo especial 49

Pasaje de práctica de fonética 20B
Ya llegó el circo 57

Pasaje de práctica de fonética 20C
Yamila llega a la escuela 59

UNIDAD 5

Librito de práctica de fonética 21A
La decisión..................................61

Pasaje de práctica de fonética 21B
Un rey en su paraíso..................69

Pasaje de práctica de fonética 21C
Las fiestas del mundo................71

Librito de práctica de fonética 22A
La prueba de la reina.................73

Pasaje de práctica de fonética 22B
Mi abuela Esperanza..................81

Pasaje de práctica de fonética 22C
La mudanza................................83

Librito de práctica de fonética 23A
Osos juiciosos.............................85

Pasaje de práctica de fonética 23B
Ni osos ni perezosos..................93

Pasaje de práctica de fonética 23C
¡Apareció Azucena!......................95

Librito de práctica de fonética 24A
¿Qué te gusta beber?..................97

Pasaje de práctica de fonética 24B
¿De dónde viene el agua?........105

Pasaje de práctica de fonética 24C
Sólo para abuelo......................107

Librito de práctica de fonética 25A
Gatitos para todos....................109

Pasaje de práctica de fonética 25B
Dos gaticos para Liz y Morris..117

Pasaje de práctica de fonética 25C
La casita y la gatica..................119

UNIDAD 6

Librito de práctica de fonética 26A
Los pasatiempos de Amparo ... 121

Pasaje de práctica de fonética 26B
Un día de campamento 129

Pasaje de práctica de fonética 26C
La invitación al museo 131

Librito de práctica de fonética 27A
El misterioso regalo de cumpleaños 133

Pasaje de práctica de fonética 27B
La cumpleañera más feliz 141

Pasaje de práctica de fonética 27C
Mi tío, el guardabosques 143

Librito de práctica de fonética 28A
Días de invierno 145

Pasaje de práctica de fonética 28B
El paseo invernal 153

Pasaje de práctica de fonética 28C
El misterio de los guantes azules 155

Librito de práctica de fonética 29A
Viaje al espacio 157

Pasaje de práctica de fonética 29B
La profesión ideal 165

Pasaje de práctica de fonética 29C
Mauricio, el sabio 167

Librito de práctica de fonética 30A
Las fotos de la abuela 169

Pasaje de práctica de fonética 30B
El día de la foto familiar 177

Pasaje de práctica de fonética 30C
Abuelo venció el miedo 179

La fiesta de los animales

por Viktor Haizea

Librito de práctica de fonética 16A

Palabras con *ga*, *go*, *gu*, *gue*, *gui*, *güe*, *güi*

águila	algo	alguien	cigüeña
colgado	enseguida	garra	gentileza
guepardo	guisantes	guiso	guitarra
intrigados	llegar	pingüino	preguntó
sinvergüenzas	tengo	vengan	vergüenza
zarigüeya			

Palabras de uso frecuente

agua	amigos	animales
comer	fiesta	

Cigüeña decidió hacer una fiesta en su casa y le avisó a sus amigos.

—Yo puedo ofrecer mi casa para que todos vengan —dijo Cigüeña—. Tengo un patio grande donde pondré la mesa con platos, vasos y cubiertos. Pero no sean sinvergüenzas. Cada quien debe traer algo.

El primero en llegar fue Pingüino. Como no podía volar, vino caminando despacio.
—¿Qué trajiste? —preguntó Cigüeña.
—Traje agua helada para beber —dijo Pingüino.
—Muy bien —dijo Cigüeña—. Pasa adelante.

Enseguida vino aleteando Águila. Llevaba una olla en cada garra.

—Yo traje un guiso —dijo Águila.

—¿Qué hay en la otra olla? —preguntó Cigüeña.

—En esta olla hay guisantes hervidos —dijo Águila.

—Muy bien —dijo Cigüeña—. Pasa adelante.

Finalmente llegó Zarigüeya corriendo. Traía una cesta cubierta con una servilleta de tela.

—¿Qué tienes en esa cesta? —preguntó Cigüeña.

—Traje panecillos dulces para el postre —dijo Zarigüeya.

—Muy bien —dijo Cigüeña—. Pasa adelante.

Los animales se fueron al patio de la casa de Cigüeña. Se sentaron alrededor de la mesa y empezaron a comer y a beber.

De repente alguien tocó a la puerta. Los cuatro amigos se miraron intrigados. ¿Quién podía ser? No esperaban a nadie más.

Cuando Cigüeña abrió la puerta, vio a Guepardo. Traía un estuche grande colgado en la espalda.

—Yo no traje comida —dijo Guepardo con vergüenza—. Pero traje mi guitarra para tocar.

Guepardo fue al patio y se sentó a la mesa. Probó el guiso y los guisantes de Águila, bebió el agua de Pingüino y comió los panecillos de Zarigüeya.

Guepardo, para agradecer la gentileza sacó su guitarra y se puso a tocar una canción.

Pingüino y Canguro

Pasaje de práctica de fonética 16B

Palabras con *ga, go, gu, gue, gui, güe, güi*

acelga	agacho	agobia	amargo	desagüe
despliegue	figura	guinda	güira	güiro
halagüeño	juguetear	larguirucho	vergüenza	vigor

Palabras de uso frecuente

amigos   después   feliz   fue   gusta

Pingüino caminaba distraído cuando oyó un ruido. Un canguro larguirucho estaba tocando un güiro con algarabía.

—¡Hola! ¿Quieres ser mi amigo? —le preguntó Pingüino.

—¡Acepto! —respondió Canguro alegremente. Luego invitó a Pingüino a merendar.

—¿Te gusta el jugo de acelga? —preguntó Pingüino.

—No, prefiero el de guinda —contestó Canguro.

—Mi jugo está amargo —dijo Pingüino.

—El mío está delicioso —dijo Canguro—. Me da energía y vigor.

Con un poco de vergüenza, Pingüino le confesó a Canguro: —Necesito adelgazar. Cuando me agacho, el esfuerzo me agobia.

—Come cosas sanas para no engordar y evitarás la fatiga —dijo Canguro y buscó una guía que guardaba en su bolsa. Se la dio a Pingüino para que siguiera sus indicaciones. Así conservaría una buena figura. Después se fueron caminando al parque para hacer ejercicio.

Allí estaba Hormiga, cargando y descargando provisiones por el desagüe de una fuente. De pronto, una güira redondita rodó al desagüe e interrumpió su labor. Pingüino corrió a destapar el desagüe. Su amiguita le dio las gracias y se fue feliz.

—¡Qué laboriosa es nuestra inigualable Hormiga! —dijo Pingüino, halagüeño.

—Algunos deberían seguir su ejemplo, en vez de juguetear todo el día —dijo Canguro, señalando a Gorila. Como buen vago, Gorila se paseaba entre el despliegue de buganvillas rojas de los jardines molestando a las pulguillas.

—Vámonos —dijo Pingüino—. Se acerca un aguacero.

—Oye, me gusta ser tu amigo —dijo Canguro.

Pingüino sonrió. A partir de ese día, ambos fueron amigos inseparables.

La cigüeña bilingüe

Palabras con *ga, go, gu, gue, gui, güe, güi*

agotamiento	agüero	albergue	amiguitos
antigüedad	bilingüe	dialogaron	disgusto
fatigo	gafas	guarida	orgánicos
seguía	seguro	trilingüe	ungüento

Palabras de uso frecuente

bajo   estudiar   lluvia   noche   nido

Desde su nido en la torre del parque, Cigüeña vio a Pingüino y Canguro alejarse. Como iba a llover, decidió repasar su libro de lenguas.

Y es que Cigüeña era bilingüe. Ya hablaba dos idiomas perfectamente, el inglés y el español. Ahora quería estudiar francés y ser trilingüe.

—¿Qué haces, Cigüeña? —le preguntó Paloma, que revoloteaba cerca.

—Estoy aprendiendo francés porque voy a Francia —dijo Cigüeña.

—Es un viaje largo —dijo Paloma—. Si despliegas las alas y planeas, no te cansarás mucho.

—Y si me fatigo, ¿qué hago?
—Usa este ungüento —dijo Paloma y escribió con el pico el nombre de la medicina—. Hace desaparecer el agotamiento.
—Me está costando trabajo leer —dijo al rato Cigüeña—. Necesito unas gafas nuevas y elegantes.
—Esas nubes grises no me dan buen agüero —dijo Paloma mirando al cielo con disgusto—. Se acerca una tormenta.
Paloma y Cigüeña hallaron un albergue seguro bajo el techo de la torre. Pronto llegaron otros amigos buscando guarida de la lluvia. Llegaron Gorila, Conejo y unas traviesas ardillas. Correteaban sin cesar guardando sus alimentos orgánicos en un lugar seco y seguro.
Mientras llovía, Cigüeña y Paloma dialogaron sobre la importancia de ser bilingüe o trilingüe. Luego Cigüeña entretuvo a sus amigos con interesantes historias de héroes de la antigüedad.
Cuando llegó la noche, seguía lloviendo. No se distinguía ni una sola figura, pero todos los amiguitos estaban bien protegidos bajo techo.
—Hasta mañana, Cigüeña —dijo Paloma a su amiga—. Gracias por tus enseñanzas. ¡Al amanecer voy a empezar a estudiar otra lengua!

La carrera de Hugo

por Viktor Haizea

Librito de práctica de fonética
17A

Palabras con *h*

ahínco	ahogaba	ahora	ahorros
anhelaba	cohete	enhorabuena	exhala
exhausto	había	hábil	hacer
haremos	hijo	Hugo	humildad
inhala	rehusó	zanahoria	

Palabras de uso frecuente

ellos	fuerza	idea
línea	zapatos	

En el parque algunos niños jugaban futbol, otros baloncesto y unos más béisbol. Pero Hugo no jugaba con ellos. No le gustaba el futbol, no era bueno en baloncesto, y el béisbol le aburría.

Hugo anhelaba ser deportista. —¡Ya sé! —pensó—. Seré corredor.

Hugo le contó su idea a su papá. —En el parque van a hacer una carrera de 800 metros —dijo Hugo—. Quiero competir y ganar.

Su papá le dijo que le ayudaría a entrenar. —Ahora corro todas las mañanas, puedes acompañarme y haremos la rutina juntos.

Hugo sacó dinero de sus ahorros y se compró unos zapatos especiales para correr.

Su papá le enseñó cómo respiraban los corredores y cómo mantenían el paso para no cansarse. —En una carrera larga, hijo, no puedes salir disparado como un cohete —dijo su papá—. Debes conservar tu energía.

El papá de Hugo le explicó que los atletas siguen una dieta balanceada.

—Debes comer frutas, como las manzanas, y verduras como la zanahoria. Son importantes para tener fuerza y energía.

Hugo entrenó durante dos meses seguidos. Por fin llegó el día de la carrera.

Hugo se paró en la línea de salida junto a los demás corredores.

—En sus marcas… listos… ¡fuera! —gritó el juez. Todos empezaron a correr. Un niño corrió rápido y se adelantó a todos los demás, pero pronto se cansó y quedó atrás.

A mitad de la carrera, Hugo empezó a cansarse. Sintió que se ahogaba. Pero recordó lo que su papá le había dicho: —Inhala el aire por la nariz. Exhala el aire por la boca.

Hugo rehusó rendirse y siguió corriendo. Pronto empezó a pasar a los demás corredores. Más adelante podía ver la meta.

Hugo cruzó primero la línea final. Estaba exhausto, pero había ganado.

—¡Enhorabuena! —lo felicitó su papá—. Entrenaste con ahínco y ahora eres campeón.

Hugo estaba contento. Era un corredor muy hábil. Con entrenamiento y humildad llegará a ser una estrella.

Hugo y Horacio

Pasaje de práctica de fonética 17B

Palabras con *h*

ahumado	azahar	cacahuate	habitación
hacienda	hambre	hamburguesas	helado
hermandad	hermoso	hierbas	horizonte
hospitalidad	huecos	huerto	huésped
vehículo	zanahorias		

Palabras de uso frecuente

estaba   fin   lleno   lugar   por

Entre Hugo y Horacio había una gran hermandad. Después de la competencia de atletismo, los papás de Horacio invitaron a Hugo a pasar un fin de semana en su hacienda del campo. El camino estaba lleno de baches y huecos, y el vehículo todoterreno daba brincos. Eso hacía reír mucho a los amigos.

Al fin llegaron a la hacienda. Era un lugar hermoso. En el horizonte se veían muchos naranjos. También había un huerto con hierbas aromáticas para cocinar. Cuando entró a su habitación, Hugo notó un agradable olor.

—¿Qué es ese olor tan rico? —preguntó a Horacio.

—Es la flor de azahar de los naranjos —explicó Horacio.

—¡Muchachos, hora de cenar! —los llamó la mamá de Horacio.

Como los dos tenían mucha hambre, comieron con apetito. A Hugo le encantó el lomo de cerdo ahumado que hizo doña Hortensia, la abuela de Horacio. También le gustó la ensalada de zanahorias y ejotes. Él tomó agüita fresca de guanábana, pero Horacio prefirió limonada con hielo. De postre había una sorpresa inesperada para Hugo: ¡helado de cacahuate!

Después, Hugo y Horacio salieron a pasear por el campo. Mientras caminaban, hicieron planes para el día siguiente. Después de almorzar las sabrosas hamburguesas de doña Hortensia, en la tarde organizarían una competencia de carreras con los niños vecinos.

Antes de acostarse, Hugo dio las gracias de nuevo a los papás y abuelos de Horacio por su hospitalidad.

—Me alegro de haber aceptado su invitación —dijo Hugo.

—Nos encanta tener un huésped como tú —dijo el papá de Horacio sonriendo.

La fiesta de la hermanita

Palabras con *h*

ahínco   anhelado   bahía   había
hamacas   helados   hermana   hermanita
hicieron honor   hora   humor
rehusaron zanahoria

Palabras de uso frecuente

día   familia   mar   playa   tía

Hildita, la hermanita de Hugo, iba a cumplir siete años. Había terminado el primer grado con notas de honor y sus papás querían hacerle una fiesta. Escogieron un lugar en la playa, cerca de la bahía.

Hugo invitó a Horacio y a otros amigos al cumpleaños de su hermana. Algunos rehusaron ir porque pensaban que era una fiesta de niños pequeños. Entonces Hugo les dijo que la fiesta era en la playa. Todos aceptaron ir.

La familia de Hugo preparó con ahínco los detalles de la fiesta. Sus papás compraron helados, jugos, sándwiches y un enorme pastel de zanahoria. Su tía compró globos, juguetitos y chucherías para la piñata.

El día tan anhelado de la fiesta, el papá de Horacio se vistió de payaso y los hizo reír a todos con su buen humor. Después la cumpleañera cortó el pastel. Luego, entre todos sus amigos rompieron la piñata a golpes. ¡Qué divertido! Más tarde algunos se fueron a nadar al mar. Otros hicieron castillos de arena o buscaban caracoles.

Mientras los niños disfrutaban, los adultos se sentaron debajo de las sombrillas o se echaron a descansar en las hamacas. Desde ahí podían observar y cuidar a los niños para que no hicieran muchas travesuras.

Ya entrada la tarde, todos comenzaron a recoger la basura. Hicieron pilas de latas y botellas para ponerlas en bolsas y depositarlas en los tanques de reciclaje más tarde.

La playa quedó limpia y en orden. Era hora de regresar a casa. La fiesta había sido todo un éxito.

Ximena la jirafa

por Viktor Haizea

Librito de práctica de fonética
18A

Palabras con *g, j, x*

abeja	alejarme	dijo	distrajo
gemelos	generalmente	gigante	gimió
girasol	giró	hija	hojas
jabalí	jaguar	jamás	jirafa
joven	jugar	juicio	junto
mejor	pájaros	pareja	rugió
Ximena			

Palabras de uso frecuente

comer	hacia	joven
largo	pronto	

25

Ximena era una jirafa muy traviesa que vivía en la sabana junto a su mamá. Le encantaba jugar con las demás jirafas.

Mamá jirafa siempre le decía: —Hija, recuerda que debes quedarte cerca de mí. La sabana es muy grande y te puedes perder.

Un día Ximena y su mamá salieron a comer. Generalmente buscaban zonas tranquilas con árboles que tenían muchas hojas.

Pronto se encontraron con unos árboles gigantes. Mamá jirafa empezó a comer. Pero Ximena no alcanzaba las hojas. Entonces decidió salir a buscar un arbusto.

Ximena caminó un largo rato y se distrajo. De repente se dio cuenta de que estaba sola. Giró hacia la izquierda y hacia la derecha, pero no vio a su mamá.

—¡Mamá! ¡Mamá! —gimió la joven jirafa. Pero su mamá no contestó.

Ximena empezó a buscar a su mamá.

Primero se encontró con dos pájaros que volaban cerca. Eran dos hermanos que parecían gemelos.

—¿Has visto a mi mamá? —preguntó Ximena.
—Yo no —dijo un pájaro.
—Yo tampoco —dijo su hermano.

Después vio a una pareja de abejas que estaban posadas sobre un girasol.

—¿Han visto a mi mamá? —preguntó Ximena.
—Yo no —zumbó una abeja.
—Yo tampoco —zumbó la otra.

Luego se encontró con un jabalí y un jaguar que jugaban.
—¿Han visto a mi mamá? —preguntó Ximena.
—Yo no —dijo el jabalí.
—Yo tampoco —rugió jaguar.

De repente Ximena vio a su mamá. Estaba en el mismo lugar que antes, todavía comiendo hojas del árbol gigante.

—Jamás volveré a alejarme de ti —prometió Ximena.

—Me alegra que tengas mejor juicio —dijo mamá jirafa, sonriendo. Y le dio un beso a su hija.

Una visita al zoológico

Pasaje de práctica de fonética
18B

Palabras con *g, j, x*

bajó	coja	dibujarla	escoger
genial	gentiles	jabalíes	jarabe
jirafas	mejoró	México	originales
vendaje	Xavier	Ximénez	zoológico

Palabras de uso frecuente

hora   jueves   lejos   maestro   vez

    La jirafa Ximena tiene una prima que también vive al aire libre, pero muy lejos de África. Se llama Gilda y vive en un zoológico de Guadalajara, una ciudad de México.

    El lunes Gilda se hirió una pata y la llevaron al hospital del zoológico. Ahí la cuidaron y pronto mejoró de su herida. Aunque un poco coja, el jueves ya estaba otra vez caminando sobre la hierba, mirando todo desde lo alto. Gilda vio a la Dra. Ximénez repartiendo jarabe a unos jabalíes.

Luego oyó hablar a los custodios Gilberto y Xavier:

—En una hora comienzan a llegar los visitantes.

Pronto empezaron a llegar muchos niños, unos con sus papás y otros con sus maestros.

—Pueden escoger cualquier animal y dibujarlo —dijo una maestra a sus estudiantes—. Los dibujos más originales serán premiados en el concurso de arte.

Gilda vio a muchos niños sacar sus lápices y cuadernos para dibujarla a ella. ¡Qué honor! Le pareció genial que algunos hasta dibujaban el vendaje en su pata derecha. Otro maestro se detuvo frente a ella y empezó a hablar a su clase:

—Las jirafas son los animales más altos de las especies vivas de la Tierra. Aunque nos parezcan delgadas porque tienen el cuello muy largo y son muy altas, pueden pesar hasta 900 kilos. Son animales muy gentiles y tranquilos si no las molestan.

Gilda pensó que el maestro tenía razón. Para demostrar su aprobación, bajó la cabeza lentamente varias veces. Todos los niños se rieron a coro.

Gerardo y Jacobo

Pasaje de práctica de fonética 18C

Palabras con *g*, *j*, *x*

aligeran	biología	despejado	enrojecido
gentileza	geranios	girasoles	jinetes
jornada	jugosa	mexicano	naranjo
paisaje	protege	refugio	surgió
texano	trabajaban	vegetación	

Palabras de uso frecuente

nubes   paseo   señora   trabajo   verde

El día amaneció bastante despejado, con pocas nubes. "Será una buena jornada", pensó Gerardo mientras galopaban. La vegetación verde y florecida se extendía por todo el paisaje. A los lados del camino había geranios rojos y girasoles amarillos. Los dos jinetes se detuvieron bajo la sombra de un naranjo. Mientras Jacobo chupaba una fruta jugosa, Gerardo se acercó a una señora que caminaba con el rostro enrojecido por el calor.

—Por favor, ¿sabe si estamos aún muy lejos del Refugio de la Laguna? —le preguntó.

—Si aligeran el paso, en una hora llegarán —contestó la señora con gentileza.

—¡Gracias! —dijeron los jinetes y salieron al galope.

En realidad los dos jinetes no andaban de paseo. Eran científicos que trabajaban cuidando el ambiente y los animales. Gerardo era un veterinario mexicano. Jacobo era un profesor de biología texano. Se conocieron en el zoológico de Guadalajara cuando ambos estudiaban los animales. De ahí surgió una buena amistad. Ahora Gerardo y Jacobo comenzaban un nuevo trabajo de investigación.

Por fin llegaron a su destino, el refugio natural de animales terrestres y acuáticos. Los habitantes de la zona lo cuidaban con esmero. Gerardo y Jacobo se reunieron con otros científicos del refugio. Todos dijeron lo mismo:

"La energía que todos los habitantes emplean en proteger los animales y la vegetación de la zona es admirable".

Al caer la tarde, Gerardo y Jacobo regresaron cansados, pero satisfechos. Era una inspiración ver cómo la gente común cuida y protege la naturaleza.

El conejo de Cecilia

por Viktor Haizea

Librito de práctica de fonética
19A

Palabras con *s, c, z*

acariciarlo	acercó	azul	bolsillo
brazos	cansó	casa	cerca
césped	cielo	emocionó	empezó
eso	espacio	gracias	hacer
hermoso	parece	pasará	puso
regazo	sacó	salió	sentó
sobre	sonriendo	zanahoria	zapatos
zorro	zumbó		

Palabras de uso frecuente

estaba	hacer	puede
tanto	vivir	

Era un hermoso día de primavera en la casa de la familia Zuloaga. El cielo estaba azul y el sol brillaba.

—Cecilia, ven al patio —dijo su papá.

Cecilia salió corriendo. Su papá estaba parado cerca de un árbol. En sus brazos cargaba un pequeño animal blanco y peludo.

—¿Qué es eso? —preguntó Cecilia.
—Te traje un conejo —dijo su papá.
Cecilia se emocionó tanto que se zumbó hacia su papá, abrazándolo. —¡Gracias, papá!
—Recuerda que cuando se tiene una mascota hay que cuidarla —dijo su papá.

El papá de Cecilia le explicó qué debía hacer.
—Por ahora el conejo se puede quedar aquí en el patio. Tendrá mucho espacio para correr y podrá estar al aire libre. Y la valla que tenemos lo protegerá de animales como el zorro y el zorrillo.

—¿Y qué pasará en el invierno? —preguntó Cecilia.

—Cuando haga más frío el conejo podrá vivir dentro de la casa. Le compraremos una jaula grande para que esté cómodo.

Cecilia tomó al conejo en sus brazos y empezó a acariciarlo. ¡Parece un peluche!

El papá de Cecilia sacó una zanahoria del bolsillo.

—Recuerda que debes alimentarlo todos los días, y jugar con él para que no se aburra —dijo su papá.

Cecilia puso el conejo sobre el césped. Salió brincando por todo el patio.

Al cabo de un rato el conejo se cansó y se acercó nuevamente a Cecilia. Se quedó cerca de sus pies y olfateó sus zapatos.

Cecilia se sentó junto al árbol y colocó al conejo en su regazo. Pronto el conejo se quedó dormido.

—¿Qué nombre le vas a poner a tu conejo? —preguntó su papá.

—Se va a llamar César —dijo Cecilia.

—César el conejo —dijo su papá, sonriendo—. Es un buen nombre.

Un huerto para César

Palabras con *s, c, z*

aceptaban	almorzar	beneficiarse
empezaron	ensaladas	fertilizante
hortalizas	iniciativa	malezas
organizaron	orgulloso	permiso
semillas	vecindario	zanahoria

Palabras de uso frecuente

mañana   naranja   pronto   tierra   ustedes

Lucía y su familia se acababan de mudar al vecindario de Cecilia.

—¡Lucía, ven a conocer a mi nueva mascota! —llamó Cecilia desde el patio.

Lucía se acercó y acarició el pelo suavecito de César, el conejito de Cecilia. Como era muy amistoso, pronto entró en confianza y se comió una zanahoria que Lucía le alcanzó.

—¡Qué comelón es! —dijo Lucía—. ¿Por qué no hacemos un huerto para que no le falte comida?

—Es buena idea —contestó Cecilia—, pero tenemos que pedirle permiso a mi papá.

Esa tarde las niñas le contaron al papá de Cecilia sus planes. Él se sintió orgulloso de su iniciativa. Además, les dijo, todos podían beneficiarse del huerto, no sólo César, al tener hortalizas y vegetales frescos para hacer ricas ensaladas.

Por la mañana fueron a buscar los materiales que necesitaban. El papá de Lucía les prestó sus herramientas y decidió ayudarlos también. Organizaron el trabajo y pronto empezaron a preparar un rinconcito del patio. Los dos papás removieron la tierra. Las niñas quitaron las malezas. Luego mezclaron y abonaron la tierra con fertilizante. Después hicieron surcos y sembraron las semillas. Por último regaron el huerto.

Cuando terminaron, se sentaron a almorzar. La mamá de Cecilia les preparó salchichas, ensalada y un refrescante jugo de naranja.

—Durante el verano —dijo el papá de Lucía—, ustedes dos se encargarán de regar las plantas. Pronto comenzarán a crecer.

Cecilia y Lucía estuvieron de acuerdo. Era una responsabilidad que aceptaban con mucho gusto.

Un sábado en el bosque

Pasaje de práctica de fonética 19C

Palabras con *s, c, z*

asado	basura	cierto	decidieron
dice	izaban	mesas	naturaleza
pedacitos	pensativo	pusieron	reducir
rocío	zacate	zarzamora	zona

Palabras de uso frecuente

gente   hermana   par   sábado   siempre

El vecindario de Lucía está cerca de una zona boscosa. "Los bosques son los pulmones de las ciudades", siempre dice su papá.

Los fines de semana la gente va allí a disfrutar del aire puro. Algunos llevan su almuerzo ya preparado. Otros lo cocinan al aire libre. Pueden cocinar sobre parrillas al carbón o en cacerolas.

El sábado pasado, la familia de Lucía fue al bosque. Las mesas del merendero estaban aún mojadas de rocío. Seleccionaron una al lado de unos árboles que daban buena sombra.

En los árboles había comederos para las aves. Algunos visitantes les dejaban pedacitos de pan como alimento, pero Lucía y su familia obedecían los letreros del parque. Decían que los visitantes no debían dar de comer a los animales. Era una manera de evitar que se enfermaran, explicó a Lucía su papá.

Un par de niños jugaban con pelotas y otros izaban sus papalotes cerca del lago. Lucía y su hermana decidieron montar sus bicicletas.

—¡Tenemos sed! —dijeron después de un rato de pedalear en el zacate.

—Es un día perfecto —dijo su papá pensativo mientras les servía jugo de zarzamora—. El ambiente del bosque es muy sano.

—Cierto, nada como estar al aire libre —dijo su mamá, que estaba atizando el carbón para el asado.

Lucía y su hermana pusieron la mesa con platos, vasos y cubiertos reciclables.

—Es importante reciclar y reducir la basura —dijo su mamá a medida que cortaba una jugosa sandía.

Ya todo estaba listo para disfrutar de un día en familia en medio de la naturaleza.

Un regalo especial

por Viktor Haizea

Librito de práctica de fonética
20A

Palabras con *ll*, *y*

amarillo	ayudarme	belleza	cebolla
desayuno	detalle	llego	llevo
mantequilla	proyecto	rallándolos	tortilla
ya	yacer	yo	

Palabras de uso frecuente

adentro	arriba	dice
mañana	primero	

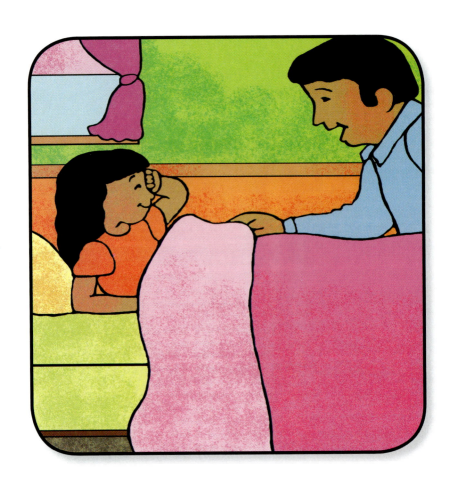

Esta mañana papá me levanta temprano.

—Vístete rápidamente y ven a ayudarme —me dice—. Vamos a prepararle el desayuno a mamá para su cumpleaños.

Yo todavía tengo sueño. Me gustaría yacer todo el día en la cama, pero quiero participar del proyecto de papá.

Cuando llego a la cocina, papá tiene abierto el refrigerador.

—Vamos a preparar una tortilla —me dice.

—¿Cómo se hace eso? —pregunto.

—Fácilmente —dice, explicándomelo—. Primero necesitamos huevos. Vamos a usar dos.

—También necesitas una sartén —dice papá.
—La sartén está en el estante de arriba —le digo—. No puedo bajarla.
—Aquí tienes —dice papá, bajándomela—. Vamos a cortar tomates y cebolla para la tortilla. Pero primero hay que lavar los tomates —me dice, entregándomelos.

Mientras yo lavo los tomates con agua, papá coloca la sartén sobre la estufa y pone un poco de mantequilla adentro. La mantequilla se calienta y papá rompe los huevos y los echa en un tazón grande.

—Ahora cortamos los tomates y la cebolla y mezclamos todo —dice papá, agregándoselos a los huevos.

Papá saca queso blanco y queso amarillo del refrigerador.

—No se puede hacer una tortilla sin queso —dice, rallándolos con cuidado.

Después de agregar el queso, papá echa toda la mezcla en la sartén. A los pocos minutos papá voltea la tortilla. Luego apaga la estufa y me dice: —Ya estamos casi listos.

Papá me pide una bandeja grande y mientras yo la busco sirve un vaso de yogur líquido.

—Falta un último detalle —dice papá. Trae una pequeña jarra, alta y delgada, y saca una flor, colocándosela como si fuera un florero.

—¡Qué belleza! —le digo.

Papá y yo despertamos a mamá entrando con la bandeja y presentándosela.

—Esta tortilla es deliciosa —dice mamá, comiéndosela.

Papá y yo nos miramos y empezamos a entonar la canción de "Cumpleaños feliz", cantándosela a mamá.

Ya llegó el circo

Pasaje de práctica de fonética 20B

Palabras con ll, y

apoyo	atrayentes	ayer	bulla
caballos	camellos	detalles	leyó
llamativas	llovizna	maravilloso	payasadas
payasos	torbellino	varilla	

Palabras de uso frecuente

animales ayer pueblo fuego también

Ayer Yolanda leyó un anuncio que llamó su atención. Pronto llegaría a su pueblo un circo muy famoso por sus animales, su torbellino de música y sus llamativas atracciones. Yolanda rogó a sus papás que la llevaran a verlo. A ellos también les pareció una idea brillante.

Justo antes de la función cayó un aguacero. El público empezó a llegar con paraguas bajo la llovizna. Yolanda y sus papás pronto hallaron sus asientos. El bullicio de la gente estremecía la carpa del circo. El presentador salió y pidió el apoyo del público para comenzar la función.

Después, haciendo mucha bulla con el claxon de un cochecito de bomberos, salieron los payasos. Los niños aplaudían y se reían de sus payasadas.

Al rato salieron los grandes felinos amaestrados. Sus domadores los guiaban a actuar con una varilla. A Yolanda le impresionó mucho ver qué obedientes eran. Uno de los leones sacudía su larga melena y rugía ferozmente, pero siempre obedecía al domador.

Siguieron otros números de acrobacias muy atrayentes. Un hombre echaba llamas de fuego por la boca mientras que unos acróbatas se subían a una pila muy alta de sillas. Yolanda cerró los ojos del miedo y la emoción.

Luego hubo un desfile de caballos muy elegantes. Más tarde salieron los elefantes caminando despacito, seguidos por los camellos. Al final salieron otra vez los payasos con unos monos bailando en la cuerda floja y unos perros salchichas vestidos de bailarinas de ballet.

Camino a casa, Yolanda repetía los detalles de cada acto. ¡Qué maravilloso era el circo!

Yamila llega a la escuela

Pasaje de práctica de fonética 20C

Palabras con *ll, y*

amarillo	ardillas	arroyo	avellanas
ayudan	callados	cosquilla	desayuno
flamboyanes	follaje	grillos	llanura
llegar	ollas	orilla	proyecto

Palabras de uso frecuente

esconder   escuela   fácil   hora   viven

    El pueblo de Yamila está en una llanura, al pie de una cordillera. Su escuela queda en el centro del pueblo. Como ella y sus amigos viven cerca, caminan a la escuela.

    A Yamila le encanta mirar los flamboyanes rojos y las buganvillas rosadas y amarillas que adornan el camino. Pero sobre todo, le gusta sentir el olor que sale de las ollas de las casas. Eso quiere decir que muchas señoras están preparando el desayuno para los trabajadores que hace rato están en el campo.

Luego cruza el puente sobre el arroyo que rodea al pueblo. Allí, entre el follaje de los arbustos, oye el chillido de los grillos. Eso siempre le da risa porque dice que es como cosquilla en el oído. Después bordea la orilla hasta llegar a la plaza y la calle principal. Al final está la escuela.

Antes de entrar al salón, los niños se reúnen en el patio de la escuela. Se ayudan a terminar la tarea. Otros reparten avellanas a unas ardillas que se quieren esconder detrás de los árboles.

Cuando suena el timbre para comenzar las clases, Yamila mira su relojito amarillo. Satisfecha, comprueba que lleva la hora exactamente.

En el salón los niños permanecen callados mientras la maestra da la lección de fonética. A Yamila le gusta mucho esta clase.

Hoy la maestra les asigna un nuevo proyecto. Deben escribir una composición sobre el lugar donde viven, usando palabras con el sonido *de* "elle" y "ye".

Yamila piensa que será fácil.

La decisión

por Viktor Haizea

Librito de práctica de fonética
21A

Palabras con *y, i*

amigos	así	comedia	decidieron
elección	hay	hoy	iban
interesante	iría	ley	María
mí	muy	ni	podían
prefiero	quién	rey	sí
taquilla	Uruguay	y	

Palabras de uso frecuente

carro	llegar	nueva
vamos	sobre	

Jorge, María, Jacob y Sandra decidieron que hoy iban a ver una película. Lo que no podían decidir era cuál película querían ver.

Mientras iban en el carro en dirección al cine, los cuatro amigos empezaron a discutir cuál sería su elección.

—Yo quiero ver una película de acción —dijo María—. Son muy emocionantes. Acaba de salir la nueva película "Sin ley", con el actor Antonio Cobero. Dicen que es muy buena.

—A mí las películas de acción no me gustan —dijo Jorge.

—Yo escuché que hay un documental nuevo —dijo Jacob—. ¿Por qué no vamos a ver esa película?

—¿De qué se trata? —preguntó Sandra.

—Es sobre la construcción de la torre más alta del mundo. Es muy interesante —contestó Jacob.

—Me aburren los documentales —dijo Jorge—. Prefiero las películas de ficción.

—¿Por qué no sugieres una película entonces? —preguntó Jacob.

—Bueno, vamos a ver la comedia "El Rey de los perros".

—Yo prefiero ver una película extranjera —dijo Sandra—. Están dando una de Uruguay.
—Pero debe ser muy rara —dijo María.
—Así no vamos a ver ni la taquilla de la sala—protestó Sandra.

Al llegar al cine, los cuatro amigos todavía no habían hecho su elección.

—Este cine tiene varias salas —dijo Sandra.

—Sí, hay una gran selección de películas —dijo Jacob—. Tienen todas las películas de las que estábamos hablando.

Los cuatro amigos decidieron que cada quién iría a ver la película que prefería. Y así se fueron en direcciones diferentes a sus respectivas funciones.

Más tarde, los amigos fueron a un café y hablaron sobre las películas que vieron. Estaban de acuerdo en que todo había salido a la perfección.

Un rey en su paraíso

Pasaje de práctica de fonética 21B

Palabras con *y, i*

carey	hay	hoy	ideal
iglú	iguanas	impaciente	increíble
inflable	intemperie	isla	izquierda
maguey	mamey	muy	rey

Palabras de uso frecuente

camino   llevar   lugar   playa   vamos

Viernes 6 de julio: ¡Por fin llegamos! Yo estaba impaciente por llegar. Mis primas Irene y Sandy me habían hablado mucho de esta playa. Es tan hermosa como me la había imaginado. El viaje duró cinco horas porque paramos a tomar unos deliciosos batidos de mamey en el camino. Al salir de la carretera, pasamos un río a la izquierda y ¡ahí estaba!

Domingo 8 de julio: Mi tienda de campaña tiene forma de iglú. Me dio risa pensar que iba a dormir en un iglú en la playa. Anoche hacía calor, así que dormí a la intemperie. Este lugar es ideal. No hay un ferry ni botes anclados en la playa. Es un paraíso de la naturaleza.

Miércoles 11 de julio: Me siento como un rey aquí. Parece increíble que llegamos hace sólo cinco días. He visto seis iguanas. Una se escondió detrás de un maguey cuando me acerqué y la otra me ignoró. También vi dos tortugas que vinieron a desovar. Son tortugas laúd y no tortugas carey, como las que hay en el Caribe. Mañana vamos a ir en el bote inflable a una isla cercana a llevar las tortuguitas a una playa desierta.

Jueves 12 de julio: Hoy liberamos las tortuguitas en la isla desierta. Allí no tienen depredadores. Se fueron nadando enseguida. Después exploramos los alrededores y nadamos en el agua cristalina. ¡Mi tía Iris se olvidó de llevar sombrero y se insoló! Fue un día muy divertido. ¡Voy a extrañar mucho este paraíso cuando nos vayamos!

Las fiestas del mundo

Palabras con *y*, *i*

curry	estoy	hoy	huy
idiomas	incomprensibles	inspirado	interesante
invitados	irlandesas	isla	italiana
muy	voy		

Palabras de uso frecuente

aprender   manera   país   todos   yo

    Este fin de semana se celebrará el Festival de las Tradiciones en mi escuela. Es una buena manera de conocer a las familias de mis compañeros y de aprender sobre otras costumbres.

    Yo voy a llevar una piñata mexicana como las de las celebraciones de cumpleaños. Mi familia llevará tamales con crema, queso y salsita fresca. Hoy por la tarde mis tíos Ignacio y Antonio me ayudarán a hacer la piñata.

Mi amiga Indira es de la India. Su familia adornará su espacio con las lamparitas blancas de la celebración de Diwali, el famoso festival de las luces de su país. Indira me dijo que su mamá va a cocinar un curry vegetariano que es una delicia.

La familia de Henry y de Lin viene de China. Ellos colgarán lámparas rojas como las que se usan en la celebración del año nuevo chino. También llevarán mandarinas y fideos chinos, que es lo que la gente come en esa celebración.

Ingrid es de Irlanda. Su familia llevará un pastel de pastor y croquetas irlandesas. Su tío Ian va a tocar la gaita y contará cuentos folclóricos. Ingrid dice que es un narrador muy inspirado.

En el festival también escucharemos música italiana. Además, la familia de Ivana ofrecerá espagueti y ensalada caprese, que es típica de la isla de Capri, en Italia.

Estoy seguro de que será un festival muy interesante para todos los invitados. Tengo curiosidad de escuchar otros idiomas, incluso si me parecen incomprensibles. ¡Huy, cómo me gustaría conocer de verdad todos esos países!

La prueba de la reina

por Viktor Haizea

Librito de práctica de fonética 22A

Sufijos -ez, -eza, -anza

alteza	belleza	confianza	desfachatez
esperanza	firmeza	fortaleza	honradez
ordenanza	pereza	pureza	sensatez

Palabras de uso frecuente

agua   hombre   medio
tiempo   tres

Hace mucho tiempo había una reina que vivía en un castillo. La reina tenía una gran belleza y mucha sensatez. Pero no podía hacerlo todo, y decidió buscar un asistente de confianza para que la ayudara. Después de entrevistar a muchas personas, eligió a tres finalistas.

La reina reunió a los tres candidatos y les presentó tres botellas idénticas.

—Estas botellas contienen el agua de mayor pureza que hay en todo el reino —explicó—. Deben llevarse las botellas a casa por una semana, pero no pueden abrirlas ni beber del agua —añadió la reina con firmeza.

Unos días después les llamó pidiendo que trajeran las botellas.

La del primer hombre estaba vacía. —Alteza, se me cayó y toda el agua se derramó —dijo.

—La botella estaba sellada. Es imposible que se haya derramado el agua —dijo la reina enfadada.

—Déjame ver tu botella —le dijo la reina al segundo candidato.

El hombre sacó su botella, que estaba medio llena. —Alteza, yo tampoco pude resistir probar el agua —dijo con poca esperanza—. Pero después de beberme la mitad del agua, cerré la botella y no la volví a abrir.

El tercer hombre dio un paso adelante y sacó su botella, que estaba llena.

—¿No abriste la botella? —preguntó la reina.

—No —contestó el hombre con confianza—. Enseguida que llegué a casa la escondí en un armario en el sótano, y no la volví a mirar hasta hoy.

—Voy a darle el puesto al segundo candidato. El primero tuvo la desfachatez de mentirme, y el tercero demostró pereza y buscó la solución fácil, escondiendo la botella —dijo la reina—. Pero el segundo hombre, a pesar de probar el agua, tuvo la fortaleza para no seguir bebiendo, y la honradez de admitir lo que hizo.

La reina mandó a publicar una ordenanza para que todos los súbditos del reino supieran quién era su nuevo asistente. Y así siguió reinando felizmente durante muchos años más.

Mi abuela Esperanza

Sufijos -ez, -eza, -anza

añoranza	certeza	crianza
delicadeza	doblez	enseñanza
escasez	ligereza	lucidez
niñez	rapidez	redondez
semejanza	sencillez	tibieza
timidez	torpeza	vejez

Palabras de uso frecuente

abuela familia mamá papá sábado

El sábado fui a visitar a mi abuela Esperanza. La encontré trabajando en su hermoso jardín. Mientras ella podaba las plantas con delicadeza, la tibieza del sol nos acariciaba. Me encanta visitarla. Es tan cariñosa como mi mamá y hasta se parecen en la redondez del rostro. ¡Es increíble la semejanza entre ambas!

Abuela siempre me cuenta historias sobre su niñez. Su familia vivía en un pueblito en el campo, cerca de un antiguo castillo. Dice que, hace mucho tiempo, allí vivió una reina muy sabia. Mi bisabuelo, su papá, se dedicaba a la crianza de cerdos y a la agricultura. A veces había escasez de comida debido a las sequías. Si no llovía, la tierra no se podía cultivar.

Sin embargo, mi abuela siempre tuvo la certeza de que, a través de la enseñanza, saldría adelante. Tuvo buenos maestros y aprendió a leer, a escribir, ciencias, matemáticas. También la ayudaron a superar su timidez. Mi abuela fue la primera persona de su familia que asistió a la universidad. Terminó la carrera de leyes con brillantez.

Cuando estuve de visita, abuela tenía invitados a cenar. Me pidió que la ayudara a doblar las servilletas. Al principio las doblaba con torpeza, pero ella me enseñó a hacerles el doblez con rapidez. Mientras poníamos la mesa, abuela se movía de un lado a otro con ligereza. Me dijo que para llegar a la vejez con lucidez, era importante mantenerse activa.

A veces pienso que abuela siente añoranza por la sencillez de la vida en el campo.

La mudanza

Pasaje de práctica de fonética 22C

Sufijos -ez, -eza, -anza

acidez	alabanza	añoranza
confianza	estrechez	extrañeza
fijeza	gentileza	impurezas
limpieza	mudanza	naturaleza
pesadez	placidez	ridiculez
tristeza		

Palabras de uso frecuente

afuera   agua   casa   puerta   ventana

A las doce en punto empezó la mudanza. Los vecinos y amigos de confianza tuvieron la gentileza de ayudarnos. Antes de irnos, todos ayudamos en la limpieza de la vieja casa.

Al llegar a nuestro nuevo hogar, no podían meter el sofá por la puerta por su estrechez. ¡Lo metieron por la ventana! Luego ayudé a subir mis cosas. Subí y bajé las escaleras tantas veces que sentí flojera en las piernas.

Mamá nos dijo que no bebiéramos agua de la llave porque tenía impurezas. La miré con extrañeza y me explicó que la acidez de la lluvia la había contaminado en esa zona. Es una verdadera tristeza que estemos haciéndole tanto daño a la naturaleza.

Después salí al patio. ¡Por fin teníamos un patio grande con un jardín! Había un naranjo lleno de frutos. En una de sus ramas un gatito dormía con una placidez que daba gusto.
De pronto abrió los ojos y me miró con fijeza. Cuando brincó hacia mí, salté del susto.
¡Qué ridiculez que ese animalito me asustara!

A la hora de la cena comí muy rápido de tanta hambre que tenía. Al terminar sentí una pesadez en el estómago que me dio sueño.
Me recosté en mi cama y cerré los ojos.

Afuera el viento agitaba las copas de los árboles y se colaba por las ventanas. Hacía un sonido muy extraño, como un lobo aullando una alabanza a la noche. Me sentí feliz, sin mucha añoranza por la casa vieja.

Osos juiciosos

por Luerlis Becerra

Librito de práctica de fonética 23A

Sufijos *-oso, -osa, -ero, -era, -dad*

actividad	afanoso	amabilidad	ansiosa	barrendera
camarera	cuidadosa	curiosidad	delicioso	dichosa
espantosa	formalidad	frutero	golosa	gracioso
hormiguero	jugoso	juiciosa	maravilloso	necesidad
numerosos	panadero	ropero	sabrosa	verdadero
voracidad				

Palabras de uso frecuente

después dijo está
familia hacer

La juiciosa y responsable familia Oso siempre hibernaba en invierno. Era una necesidad dormir durante esos meses para conservar energía. Pero antes tenían que hacer numerosos preparativos.

En el otoño, la cueva de la familia parecía un verdadero hormiguero de actividad.

Primero tenían que limpiar la casa.

—Yo seré el barrendero —dijo afanoso el gracioso Osito.

—Yo te ayudaré —dijo con mucha formalidad Osita, ansiosa por colaborar.

—¡Maravilloso! Papá puede sacudir los libreros con este paño —dijo Mamá Osa, dichosa de tener una familia tan trabajadora.

Después de una cuidadosa limpieza, todos pusieron la mesa. ¡Tenían un hambre espantosa!
—Debemos comer en gran cantidad antes de hibernar —dijo Mamá Osa al entrar con un jugoso pastel—. Alimentarnos bien nos ayudará a soportar el frío del invierno.

Empezaron a comer con voracidad.

—La sopa está verdaderamente sabrosa —dijo Osita, que era muy golosa.

—¿Y qué piensan del pan? Lo hice yo, Papá Panadero —dijo Papá Oso.

—¡Está delicioso! —dijeron todos.

—Osito, trae más uvas del frutero, por favor —pidió Mamá con amabilidad.

Antes de acostarse a hibernar, todos se asearon con minuciosidad. Después sacaron sus pijamas del ropero.

—Me gusta mucho mi pijama rosado —dijo Osita.

—El mío es distinto —dijo Osito—. Es azul.

Mamá Osa empezó a repartir cobijas y colchas.

—¿Quién quiere la colcha de retazos? —preguntó con curiosidad.

—Mamá, pareces una camarera con la colcha sobre un brazo y la cobija sobre el otro —dijo Osito, que era muy jaranero.

Todos se rieron. Luego se acostaron.

Ya en la cama, cada uno se despidió deseándoles "buenas noches" a los demás.

—Es verdad —dijo Osito ya casi dormido—. Serán "buenas", pero sobre todo serán "muchas" noches, porque vamos a dormir… ¡Todo el invierno!

Y así fue. La familia Oso durmió hasta la primavera.

Ni osos ni perezosos

Pasaje de práctica de fonética 23B

Sufijos *-oso, -osa, -ero, -era, -dad*

asombrosa   capacidad   certera
delanteras extremidad fragilidad
graciosa   gravedad   lluviosos
mamíferos   necesidad   ojeras
perezosos   seguridad   traseras
variedad

Palabras de uso frecuente

además   animales   árbol   hojas   tierra

Los llamados "osos perezosos" ni son osos ni son perezosos. Son mamíferos cubiertos de pelaje. En su graciosa carita tienen una trompa, con manchas oscuras alrededor de los ojos que parecen ojeras. Sus extremidades delanteras son más largas que las traseras.

Les dicen *perezosos* porque se mueven con asombrosa lentitud. Para mover una sola extremidad se tardan ¡medio minuto!

Inmediatamente después de cualquier actividad se quedan dormidos para recuperar la energía que gastaron. Tienen la capacidad de rotar la cabeza ¡casi 360 grados!

Estos animales no hibernan como los osos. Viven en zonas tropicales, en las copas de los árboles de los bosques lluviosos de Centro y Suramérica. Se desplazan abrazados a las ramas, colgados boca arriba. Comen una gran variedad de hojas y toman agua de rocío.

Como no pueden caminar, no bajan al suelo. Además, evitan hacerlo para protegerse de sus depredadores. Por eso escogen árboles donde puedan conseguir alimento y agua sin necesidad de cambiar de árbol. Cuando tienen que hacerlo, se arrastran por la tierra. Dejar la seguridad de su árbol expone su fragilidad. En el suelo son presa fácil de reptiles como la boa constrictora, una certera cazadora, y de grandes felinos como el jaguar.

Los perezosos dependen de los árboles de los bosques lluviosos para sobrevivir. El ser humano es su principal depredador y la deforestación de los bosques lluviosos pone en peligro su supervivencia. Es un asunto de suma gravedad proteger el medio ambiente. Sólo así sobrevivirá la diversidad de las especies.

¡Apareció Azucena!

Sufijos *-oso, -osa, -ero, -era, -dad*

aguacero	barbaridad	calamidad
claridad	curiosidad	duraznero
esponjosas	felicidad	llorosa
realidad	sigilosa	sospechoso

Palabras de uso frecuente

adentro   cuando   lluvia   mañana   tío

    Esa mañana el cielo tenía nubes esponjosas. Tía pensaba que pronto empezaría la lluvia. Estábamos en el patio y a mi lado dormía la perrita Umbra. De pronto oyó un ruido sospechoso y empezó a ladrar. Se levantó con las orejas atentas y miró alrededor con curiosidad. Luego avanzó cautelosa. Cuando supo de dónde venía el ruido, corrió por el sendero y yo fui detrás de ella. Al llegar al duraznero, Umbra se calló. Olfateó una piedra y… ¡empezó a mover la cola! Al acercarme, vi todo con claridad.
    —¡Esta piedra se está moviendo! —grité.

—¡Es Azucena! —exclamó tío desde la terraza.

—¿Es su cena? ¿La cena de Umbra? ¿Una piedra es su cena? —dije asombrado.

—No. Es A-zu-ce-na, nuestra tortuga —dijo tío.

—¿Umbra come tortugas? ¡Qué barbaridad! —exclamé.

Entonces llegó mi primita Emiliana. Tío me contó que cuando Azucena desapareció unos meses atrás, Emiliana estuvo llorosa durante días. Ahora, en cuanto vio a Azucena, ¡puso cara de felicidad!

La piedra era en realidad una tortuga y Umbra ya la estaba lamiendo. Azucena se movía sigilosa debajo de sus lengüetazos. "¡Qué calamidad si se la come!", pensé.

—No te preocupes —dijo tío, mirándome—. Umbra y Azucena son amigas. Por eso Umbra se alegró al verla. Azucena tiene un caparazón duro. Ahí mete las patas y la cabeza para protegerse. No la habías visto porque estaba hibernando, como muchos animales en invierno. Las tortugas de tierra se entierran. Hibernan unos seis meses.

—Vamos a "hibernar" adentro, que ya viene el aguacero—dijo tía riendo.

¿Qué te gusta beber?

por Viktor Haizea

Librito de práctica de fonética 24A

Acento diacrítico

cómo	como	cuál	dé
de	él	el	más
mí	mi	sí	té
te			

Palabras de uso frecuente

año	joven	lugar
tarde	verde	

En todas partes del mundo las personas disfrutan de diferentes tipos de bebidas, ya sean frías o calientes. Mucho depende del lugar, la cultura, el clima y la época del año.

En Inglaterra, las personas toman un descanso por la tarde para beber el té.

Terry es un joven inglés. A él le gusta tomar el té verde que le prepara su mamá.

—A mí me gusta comer galletas cuando bebo té —dice Terry—. Mi mamá hornea unas galletas muy sabrosas.

Paolo vive en Brasil y le encanta tomar café. A él le gusta beber su café caliente después de almorzar con su amigo.

—A mí me parece que no hay mejor manera de terminar el almuerzo —dice Paolo—. Mi amigo Denilson también opina lo mismo.

—Sí, Paolo tiene razón —dice Denilson.

Olaf vive en Estocolmo, Suecia. Cuando llega el frío de enero y febrero, y los días se hacen cortos y las noches largas, a Olaf le encanta beber chocolate caliente.

—A mí me parece que no hay nada como una buena taza de chocolate caliente —dice Olaf.

Barry y Marvin van a una cafetería por la mañana. Marvin siempre compra un café.

—A mí me gusta tomar un buen café caliente por la mañana —dice Marvin.

—Pero hoy hace demasiado calor —dice Barry—. No sé cómo puedes tomarte algo caliente.

Barry espera que la empleada de la panadería le dé su bebida.

—Yo, en cambio, prefiero el té frío. Así me siento fresco todo el día.

—¿Qué quieres que te diga? A mí no me gusta el té para nada —dice Marvin.

Alrededor del mundo, de país a país, las personas tienen diferentes gustos. Algunas prefieren el té, otras el café y unas el chocolate caliente. Y otras más optan por tomar sus bebidas frías.

Y tú, ¿qué prefieres? ¿Cuál es tu bebida favorita?

¿De dónde viene el agua?

Pasaje de práctica de fonética 24B

Acento diacrítico

como / cómo	hacia / hacía
cual / cuál	mi / mí
cuando / cuándo	o / ó
de / dé	se / sé
donde / dónde	si / sí
el / él	té / te

Palabras de uso frecuente

agua   ayer   fuerza   obra   otra

    Los domingos, cuando toda mi familia se reúne a desayunar, mamá hace jugo de naranja y papá prepara huevos o torrejas. Él prepara unas torrejas deliciosas. ¡A mí me encantan! Mi hermana mayor Maite hace el té o el café. Elio, mi hermanito, tuesta unas 8 ó 10 rebanadas de pan. Cada cual sabe lo que tiene que hacer.

Como yo ya sé que mi tarea es poner la mesa, la pongo con presteza. Nuestra perrita Lily se sienta cerca. Tiene la esperanza de que alguien le dé comida. Como sabe que yo sí le doy, se sienta muy cerca de mí. Si se sienta al lado de mamá no le toca nada.

Ayer domingo papá nos preguntó adónde queríamos ir después del desayuno. Como hacía frío, Maite sugirió ir a una galería de arte donde había una exposición sobre el agua. Nos pareció buena idea. Una obra se titulaba: "¿De dónde viene el agua?". En otra fotografía, gruesas gotas de agua caían con fuerza sobre la tierra seca y levantaban mucho polvo. ¡Nada más de ver la foto te daba sed!

Hacia el final de la exposición había una escultura de agua. Era una caña de bambú y un cuenco en el cual caía el agua. Cuando la caña se llenaba, se inclinaba hacia el cuenco, donde se derramaba toda el agua que la había llenado. El sonido del agua era tranquilizador. ¿Adivinen cuál era el título de esa obra? Sí, acertaron. Se llamaba "Meditación".

¡Cómo me gustó esa exposición! Me pregunto cuándo volveremos.

Sólo para abuelo

Acento diacrítico

aun / aún se / sé
de / dé si / sí
donde / dónde solo / sólo
este / éste te / té
mas / más tu / tú

Palabras de uso frecuente

comer   con   estos   llegar   país

Hoy es el cumpleaños de abuelo. Recolecté hojas del árbol que él plantó en su jardín cuando llegó a este país. Como se acaba de cambiar de casa, se lamenta de no verlo todas las mañanas. ¡Así que decidí hacerle un *árbol* de su árbol como regalo!

Saqué la cartulina para pegar las hojas, mas no encontré el pegamento. No estaba donde yo lo había dejado.

—Mamá, ¿dónde está el pegamento? —pregunté.

—¿Buscaste en estos cajones? ¿Y en éste? —dijo mamá.

—¿En cuál?
—En el de la despensa.
De la cocina llegaba un rico olor a chocolate. Es nuestra tradición familiar celebrar los cumpleaños con chocolate caliente y churros. ¡Cómo me gusta esa costumbre!
—¿Cuándo va a llegar abuelo? —pregunté.
—Sé que viene después de su clase, pero aún no ha llegado. ¿Cómo va tu regalo? —dijo mi papá.
—Voy a terminarlo. Abuelo se va a sorprender cuando se lo dé.
Una hora más tarde todo estaba listo. Sólo faltaba el invitado de honor. Entonces llegó mi tía, quien tenía dolor de barriga.
—Si quieres, te preparo un té de manzanilla —le dijo mi papá.
Cuando por fin abuelo llegó, me pareció que se veía más joven, aun con barba gris.
—¿Y quién cumple años aquí? —bromeó abuelo al entrar por la puerta. Pronto nos sentamos en la mesa para comer. Me acerqué y le dí su regalo.
—¿Tú hiciste esto? ¿Sólo para mí? —dijo emocionado.
—Sí. ¡Y lo hice yo solo! —contesté orgulloso.

Gatitos para todos

Librito de práctica de fonética

25A

por Luerlis Becerra

Diminutivos con -ito, -ita, -illo, -illa, -ín, -ina, -ico, -ica

arbolillo	cajita	chiquiticos	Elenita	gatica
hermanita	hijitos	jovencita	joyita	matitas
Paquito	pasito	pelito	pequeñina	poquitín
ratito	ruiditos	señorita	tantico	

Palabras de uso frecuente

aquí ella estaba
luego qué

Paquito estaba jugando en el patio de su casa con su hermanita Elenita. De pronto oyeron unos ruiditos.

Como ambos estaban entretenidos, no se preocuparon mucho. Pero al rato, volvieron a escuchar lo mismo.

—¿Qué será? —se preguntaron con curiosidad los dos hermanitos.

—Creo que el ruido viene de esas matitas y arbolillos —dijo Paquito.

—Miren, ¡es una gata con sus gatitos! —exclamó Papá.

—¿Cuántos animalitos hay? —preguntó Elenita.

—No sé —dijo Papá—. No los veo bien desde aquí porque son muy pequeñines.

—¿Qué va a pasar con esos gaticos tan chiquiticos? —dijo Elenita preocupada.

—La mamá gatica sabe cómo cuidarlos —dijo Mamá—. Nosotros le daremos alimento a ella.

—Y luego, cuando crezcan un poquitín, buscaremos un hogar para sus hijitos —dijo Papá.

Después de unas semanas, los gatitos habían crecido un poco.

Los hermanitos los pusieron en una cajita de cartón. Salieron con sus padres por el vecindario a ver qué vecinos querían adoptar a los gaticos.

Pasito a paso, fueron de casa en casa.

El Sr. Casimiro fue muy amable.

—Hola, familia —los saludó cariñoso subiéndose sus gafas—. ¿Qué hacen por aquí?

—Pues, queríamos saber si le interesa un tantico adoptar un gatico —dijo Paquito.

—¡Qué buena idea! Precisamente hace un ratito estaba soñando con un gatito de patas grises, como éste —dijo el Sr. Casimiro tomando uno de los animalitos.

Luego la familia siguió hasta la puerta de la señorita Rita. Cuando vio los gatitos, sonrió y tomó uno de pelillo anaranjado.

— Es una gatica —dijo Paquito.

—¡Qué hermosa es esta pequeñina! —dijo la jovencita—. Es una verdadera joyita. Me quedo con ella.

En la tercera casa, la Sra. Kim abrió la puerta sonriendo.

—¿Por qué andan regalando estos gaticos tan chiquititos? —preguntó.

—No podemos quedarnos con todos. Por muy lindos que sean, son muchos —dijeron a coro Mamá y Papá.

—Es verdad —dijo la Sra Kim—. Pues yo me quedo con estas dos bellezas.

Sólo quedaba uno en la cajita. A partir de ese momento, ése fue el gatito de Paquito y Elenita.

Dos gaticos para Liz y Morris

Pasaje de práctica de fonética
25B

Diminutivos con
-ito, -ita, -illo, -illa, -ín, -ina, -ico, -ica

bigoticos	chiquillos	dormidito	florecillas
galleticas	gaticos	hermanito	lagunilla
ojitos	panecillos	pelillo	pequeñín
pequeñina	perrita	piedritas	suavecito

Palabras de uso frecuente
ellos   fue   jardín   nuevos   viven

La Sra. Kim es alérgica a los gatos. Cuando Elenita y su hermanito le ofrecieron dos gaticos, pensó en Liz y Morris. Ellos viven en el campo y su gato Tico se perdió hace un mes. "¡Les encantarán estos pequeñines de pelo suavecito!", pensó la Sra. Kim.

Puso los gatitos en una canasta y se fue al campo. Entró por el camino de piedritas con florecillas silvestres. En el jardín vio a la perrita

Luna sentada cerca de la lagunilla con pececitos. Liz y Morris salieron a recibir a la Sra. Kim. Se alegraron mucho cuando vieron los dos gaticos.

—Me los regalaron unos chiquillos de mi cuadra —dijo la Sra. Kim.

—¡Qué ojitos más curiosos tiene este pequeñín! —dijo Liz cargando el gatico gris—. Creo que se llamará Teo.

—Y a esta pequeñina de pelillo suave le pondremos Negri —dijo Morris.

Negri movió la colita, se relamió los bigoticos con su lengüita y sacudió la cabeza. Después se quedó dormida. Liz puso a Teo a su lado y también se quedó dormidito.

Morris había horneado unos ricos panecillos y galleticas. Los tres se sentaron a tomar té en unas tacitas de colores. Mientras hablaban, la perrita Luna se echó al lado de la canasta, mirando a los nuevos gaticos con curiosidad.

Al rato, Teo se estiró y abrió los ojos. Sacudió la cabecita y eso despertó a Negri. Los dos maullaron y saltaron de la canastita. Se acercaron a Luna y pronto los tres se empezaron a lamer.

Comenzaba una buena amistad.

La casita y la gatica

Pasaje de práctica de fonética 25C

Diminutivos con
-ito, -ita, -illo, -illa, -ín, -ina, -ico, -ica

amiguitas	amorcito	bañerita	capuchita
chaquetica	estufita	gatica	juguetitos
lluviecilla	panecillos	patica	pequeñín
pillina	platicos	vocecilla	

Palabras de uso frecuente

después   estaba   jugar   patas   sobre

Teresita estaba ansiosa. No paraba de llover. Su mamá le había prometido llevarla al zoológico con sus amiguitos, pero la interminable lluviecilla lo impedía.

—¿Y si me pongo la chaquetica con la capuchita azul? —suplicó Teresita.

—No, mi amorcito —contestó mamá—. ¿Por qué no invitas a Susanita a jugar aquí?

Teresita marcó el teléfono. Una vocecilla respondió alegremente.

—¡Susanita traerá a Bolita, su gatica!

Teresita fue corriendo a sacar la casita de muñecas que le regalaron sus abuelos. Pronto las dos amiguitas empezaron a acomodar los muebles de miniatura.

Hicieron una hilera, del más grande al más pequeñín. Primero pusieron la mesita del comedor, después las camitas, los silloncitos, la bañerita y la estufita. Al final pusieron los platicos, las tacillas y los cubierticos.

De repente, Bolita saltó sobre los juguetitos. ¡Todo salió volando! Las niñas la miraron enojadas, pero Bolita siguió jugueteando mientras ellas trataban de amueblar la casita. Susanita ponía una camita y la gatica la sacaba con una patica. Teresita ponía un silloncito y venía Bolita meneando la colita y lo tiraba.

—Qué pillina es —dijo Teresita.

—Quiere jugar —dijo Susanita.

Teresita buscó una bola de estambre y la lanzaron al aire. Cayó encima del refrigerador. Bolita brincó ágilmente. Se subió a una silla, brincó a la mesa y de un salto aterrizó sobre el refrigerador, con la madeja entre las patas.

Al rato, hasta Bolita terminó cansada. ¡Era hora de merendar! Mamá les trajo panecillos de canela con chocolate caliente y un poquito de leche para la traviesa gatica.

Los pasatiempos de Amparo

por Viktor Haizea

Palabras con *m* antes de *p* y *b* y con *n* antes de *v*

Amparo	competencia	conversar	enviar
invernadero	invierno	invitó	pasatiempos
siempre	simpático	también	tiempo

Palabras de uso frecuente

durante	hacer	madera
noche	siempre	

Amparo es una profesional exitosa que trabaja en una oficina. Siempre está ocupada durante el día y por la noche llega cansada a su casa. Durante la semana, Amparo no tiene mucho tiempo para hacer otras cosas.

Pero los fines de semana, Amparo se dedica a sus pasatiempos. A Amparo le interesan muchas cosas. Tiene una colección de aproximadamente ochenta monedas de todo el mundo. Una de sus monedas es de México y es extremadamente vieja.

A Amparo también le encanta la música. Está aprendiendo a tocar el xilófono. Es un instrumento que tiene pequeñas tablas de madera que se golpean con baquetas. El profesor de Amparo le exige que practique todos los días, pero ella no siempre puede.

Amparo tiene un invernadero en la parte de atrás de la casa, donde cultiva orquídeas. Las orquídeas son flores exóticas que necesitan mucho cuidado. Amparo quiere enviar a una competencia de flores su mejor orquídea. Ella espera tener éxito y ganar.

Amparo se reúne con sus amigos a conversar. Pero a uno de sus amigos nunca lo ha visto. Es Xavi, que vive en España y es muy simpático. Los dos se escriben por correo electrónico. Amparo lo invitó a visitarla.

A Amparo le encanta el arte, y cuando tiene tiempo le gusta ir al museo. El museo queda al otro extremo de la ciudad y Amparo debe tomar el autobús para llegar. Este invierno hay una exhibición de arte antiguo.

Amparo ha aprovechado el fin de semana al máximo. Aunque sus pasatiempos la ocupan, también sirven para distraerla. Amparo regresa descansada el lunes a la oficina, lista para seguir trabajando.

Un día de campamento

Pasaje de práctica de fonética 26B

Palabras con *m* antes de *p* y *b* y con *n* antes de *v*

bienvenidas	campamento	derrumbe
embobados	enjambre	envase
envolturas	impulsada	invasión
investigar	invisibles	lombrices
lumbre	relámpago	zumbido

Palabras de uso frecuente

adentro debajo hermano nuestra porque

Soy Amparo. Uno de mis pasatiempos es ir de campamento con mi hermano Humberto y mis sobrinos René, Héctor y Esperanza.

El sábado salimos temprano, pero dimos un rodeo porque un derrumbe impedía el paso. Después, al pasar por un tronco hueco, oímos un zumbido muy fuerte. ¡Era un enjambre de abejas impresionante! Cambiamos de rumbo otra vez.

Al atardecer ya teníamos hambre. Pronto llegaría la noche, así que desempacamos y armamos las tiendas de campaña. La de los hombres era más grande. Ahí guardamos las provisiones. Esperanza y yo armamos nuestra tienda cerquita.

   Cuando terminamos, nos sentamos a la lumbre de la hoguera. Allí nos comimos las empanadas de queso que compramos en el pueblo y unas deliciosas galleticas de frambuesa y membrillo.

   De repente, vimos que una de las envolturas pasaba caminando frente a nosotros. Iba impulsada por patitas casi invisibles. Nos quedamos embobados. Al investigar, nos dimos cuenta de que teníamos invitadas poco bienvenidas. ¡Era una invasión de hormigas! En ese momento, se iluminó el cielo con un relámpago y sentimos retumbar la tierra.

   —Ya no hay necesidad de preocuparse por las hormigas —dije—. Se irán apenas empiece la tormenta.

   Entonces oímos un trueno y empezó a llover. Llegamos empapados a refugiarnos adentro de las tiendas de campaña. Llovió toda la noche. En la mañana, cuando escampó, caminamos hasta el río. Había muchos peces.

   —Busquemos lombrices debajo de las piedras —dijo Esperanza.

   Guardamos las lombrices en un envase. Después, todos fuimos a pescar al río.

La invitación al museo

Pasaje de práctica de fonética 26C

Palabras con *m* antes de *p* y *b* y con *n* antes de *v*

ambiente	conversar	convidaron
convivir	costumbres	envolvió
impaciente	impermeable	importante
intercambio	inventaron	invierno
invitación	invitó	sembrar
templos		

Palabras de uso frecuente

al   flores   ropa   ninguno   tiempo

Cuando llegó a su casa, Amparo encontró un sobre en el buzón. Era una invitación del museo de la ciudad a una importante exposición sobre la cultura maya. Enseguida llamó a su amigo Esteban y lo invitó para que la acompañara.

El día de la inauguración, Amparo estaba impaciente por llegar al museo. Después de sembrar flores en las macetas de su ventana, se cambió de ropa. Antes de salir, se envolvió en un hermoso chal que su abuela le tejió para el invierno. También agarró un impermeable por si llovía.

    Como a ninguno de los dos le gusta ser impuntual, Esteban y Amparo llegaron a tiempo a la exposición. Había muchas fotografías y artefactos de la cultura maya. Aprendieron que los mayas construyeron templos impresionantes y pintaron murales que reflejaban sus costumbres. También se adaptaron al ambiente en que vivían y sabían convivir con la naturaleza.

    Esteban no sabía que los mayas inventaron la medición del tiempo y el cero. Para los mayas, la semilla del cacao tenía gran valor. La utilizaban como moneda en el intercambio comercial.
El cacao también era una pieza clave en la preparación de las comidas y bebidas mayas.

    Al terminar el recorrido de la exposición, Amparo y Esteban salieron al café del jardín del museo. Allí se encontraron con unas amigas y las convidaron a comer. A todos les había encantado la exposición. Por largo rato no pararon de conversar sobre la impresionante cultura maya.

El misterioso regalo de cumpleaños

por Luerlis Becerra

Librito de práctica de fonética 27A

Palabras compuestas

alicaída	anteayer	astronautas	autobús
bienvenida	boquiabiertos	cabizbaja	carilarga
cubrecama	cumpleañera	cumpleaños	enhorabuena
maniatada	Marilín	mediodía	paquidermos
pasatiempo	portafolios	sabelotodo	telescopio
tocadiscos			

Palabras de uso frecuente

casi	cuando	durante
hoy	siempre	

Sarita es muy estudiosa. En la clase le dicen la "sabelotodo". Entre las hojas de su portafolios, Sarita casi siempre tiene la respuesta. Cada vez que responde bien, sus compañeros la admiran boquiabiertos.

A veces Sarita sueña con lo que estudia en la escuela. Esta noche está soñando con planetas y astronautas.

Mañana es el cumpleaños de Sarita. Ella quiere que le regalen un telescopio para ver los planetas de cerca.

Cuando se despertó, Sarita echó el cubrecama a un lado. Su mamá estaba parada en la puerta.

—¡Enhorabuena, Sarita! ¡Feliz cumpleaños! —dijo su mamá y se fue.

Sorprendida, Sarita se preguntó dónde estaba su regalito. "Estará en la cocina", pensó.

Cuando se sentó a desayunar con su papá y su hermanito, ambos le dieron una bienvenida muy alegre.

"Pero, ¿y mi regalito?", pensó Sarita después, un poco alicaída.

Triste y cabizbaja, se fue a tomar el autobús escolar.

En el autobús, su amiga Marilín le mostró su nuevo tocadiscos digital.

—Me lo regaló mi hermanita anteayer por mi cumpleaños —dijo Marilín.

Sarita pensó que Amparito la pelirroja se burlaba de ella en el asiento de atrás. "¿Sabrá que no me dieron un regalo hoy?", pensó carilarga.

A Sarita le encantan los elefantes. Pero durante la clase de ciencias, no se interesó en la lección sobre paquidermos.

Al mediodía, se volvió a preguntar qué había pasado con su regalo este año. Como pasatiempo para tratar de resolver el misterio de su regalo de cumpleaños, cerró los ojos lentamente.

Cuando los abrió de nuevo...¡vio a su mamá parada en la puerta de su recámara!

—¡Enhorabuena, mi amor! ¡Feliz cumpleaños! —le dijo Mamá. Tenía los brazos hacia atrás y parecía maniatada a la puerta, pensó sospechosa Sarita.

—Gracias, mami —dijo la cumpleañera—. ¿Qué es eso ahí detrás?

"¡Todo fue un sueño!", pensó sonriente Sarita mientras su mamá le daba un lindo regalo.

La cumpleañera más feliz

Pasaje de práctica de fonética 27B

Palabras compuestas

agridulce	boquiabierta	cascanueces
crucigramas	espantapájaros	hazmerreír
hojalata	medianoche	paracaídas
pararrayos	quitasol	rascacielos
rompecabezas	salvavidas	telarañas
trabalenguas		

Palabras de uso frecuente

fiesta   mar   playa   siguiente   todos

Sarita abrió la puerta y se quedó boquiabierta. Allí estaban todos sus amigos, dándole la bienvenida. ¡Le habían organizado una fiesta sorpresa!

—¡Soy la cumpleañera más feliz! —dijo Sarita abrazando a sus papás.

Sarita abrió entusiasmada los regalos de sus amigos. Lalo le regaló un rompecabezas. Mayra le dio un libro de crucigramas. ¡Era su pasatiempo favorito!

Luego todos salieron al patio a romper

la piñata. Mientras esperaba su turno, Andrés se puso a decir trabalenguas. ¡Fue el hazmerreír de la fiesta!

Al día siguiente, el papá de Sarita los llevó a la playa. En el camino se detuvieron a tomar algo en un kiosco de la carretera. Allí compraron frascos de mermelada agridulce, limonada y una bolsa de nueces. Su hermano Toñito no paró de usar el cascanueces el resto del viaje.

Al rato pasaron por un granero abandonado. Vieron un espantapájaros cuidando la entrada. Adentro encontraron una máquina de hojalata.

—¡Cuántas telarañas! —dijo Sarita y movió una palanca de la máquina. Un saltamontes le brincó encima. Toñito gritó y salieron corriendo al carro.

Cuando llegaron a la playa, a lo lejos vieron un paracaídas tirado por una lancha. Los niños se pusieron los salvavidas y corrieron al mar. Al rato comenzó a llover. Usaron el quitasol como paraguas y corrieron a la seguridad del coche.

—Con esta tormenta, espero que lleguemos a casa antes de la medianoche —dijo su mamá.

Ya iban entrando a la ciudad cuando vieron cómo los pararrayos de los rascacielos atraían los rayos. "¡Guau, qué espectáculo!", pensó Sarita.

Mi tío, el guardabosques

Pasaje de práctica de fonética 27C

Palabras compuestas

aguanieve	autopistas	cascarrabias
claroscuro	guardabosques	guardarropa
lavavajillas	malhumorado	medianoche
mediodía	pasodoble	pelirrojo
quitanieves	rompecabezas	tocadiscos
vaivén		

Palabras de uso frecuente

antes   desde   escuela   está   hoy

Era mediodía y el sol brillaba. El vaivén de las olas mecía el bote mientras papá y yo pescábamos en el lago. A lo lejos oí la voz de mamá: "Está sonando tu despertador".

"¡Ay, tan bien que la estaba pasando en el lago con papá!", pensé al abrir los ojos. Pero mamá entró de nuevo a mi recámara diciendo:

—Acabo de escuchar el aviso meteorológico. Ha estado nevando desde la medianoche, así que no hay escuela.

"¡Qué bien!", pensé. Al ratito me levanté. Antes de desayunar llamé a mi prima Sarita para felicitarla por su cumpleaños. Vive en otro estado, cerca de la playa. Me dijo que había tenido un sueño extraño. "¡Qué casualidad, yo también!", pensé y le conté el mío.

Después puse los platos del desayuno en el lavavajillas. Empecé a armar un rompecabezas de un gato con rayas claras y oscuras que se llamaba "Gato bicolor". No sé, pero creo que debería llamarse "Gato claroscuro".

Mientras almorzábamos, mamá dijo que tío Fred, su hermano, venía hoy a cenar. Es pelirrojo, como yo, y a veces es un cascarrabias. Está estudiando para ser guardabosques. Ahora está desempleado y anda malhumorado.

Sin embargo, cuando llegó estaba contento. Se quitó el abrigo mojado por el aguanieve y lo colgó fuera del guardarropa. Tío Fred nos platicó que ya tiene un empleo para el resto del invierno conduciendo una de esas máquinas quitanieves que limpian las autopistas. Cuando termine sus estudios, solicitará empleo de guardabosques.

Hasta prendió el tocadiscos y ¡se puso a bailar un pasodoble con mamá!

Días de invierno

por Viktor Haizea

Librito de práctica de fonética 28A

Diptongo e hiato: Acentuación

agua	armarios	caerse	caído
camiones	construir	cuando	cuesta
cuidado	días	divierten	frío
golpearse	hielo	invierno	juegan
mientras	nieve	palear	pie
propias	pueblo	realicen	también
todavía	traído	transeúntes	traviesos
trineos	vías		

Palabras de uso frecuente

está	mañana	pronto
puede	sobre	

El invierno está por terminar, y pronto llegará la primavera. Pero todavía hace frío y las personas se abrigan al salir. Por la noche baja la temperatura y llega la última nevada.

Por la mañana todo el pueblo está cubierto de un manto blanco. Ha caído nieve sobre los techos de las casas y los carros, en las ramas de los árboles, y en las calles y aceras.

Algunos se quejan porque ya están hartos del frío. Pero otros se alegran porque disfrutan de las actividades que se pueden hacer sólo en invierno.

El agua del estanque se ha congelado. Las personas aprovechan para salir a patinar sobre el hielo. Se ponen abrigos gruesos y guantes, y sacan sus patines de los armarios.

Una mamá le dice a su hijo que tenga cuidado porque puede caerse y golpearse las rodillas.

Cerca del estanque hay una pequeña colina que también ha quedado cubierta de nieve. Algunos niños y sus padres han decidido subir con sus trineos. Cuando llegan a la cima se lanzan por la cuesta y se deslizan hasta el pie de la colina.

Cerca de la colina, las personas juegan con la nieve. Algunos niños traviesos se lanzan pequeñas pelotas de nieve, mientras otros forman pelotas más grandes para construir un muñeco.

Los adultos han traído grandes bloques de hielo y los están esculpiendo para formar hermosas figuras.

Pero no todos en el pueblo se divierten. Algunos transeúntes tienen que palear las aceras y quitar la nieve de sus carros. Otros prefieren pagarle a los niños para que realicen ese trabajo.

Mientras tanto, el alcalde del pueblo ha despachado los camiones para que echen sal en las vías locales.

Ya sea que les guste el invierno o no, las personas saben que pronto terminará. Ya se ven algunos retoños en los árboles y de vez en cuando se oye el cantar de algún pájaro.

Está por llegar la primavera, y con ella empezarán las actividades propias de una estación más cálida.

El paseo invernal

Diptongo e hiato: Acentuación

caía	caímos	caótico
cuál	cuánto	describió
héroe	heroína	miércoles
oía	paseo	podría
reímos	reúne	sabía
sea	veía	vehículo

Palabras de uso frecuente

año   cada   día   gente   paseo

Leo y María se van a esquiar este miércoles. El año pasado la pasaron muy bien. Leo lo describió así en su diario:

"Hacía frío y caía nieve cuando María y yo llegamos a la estación de ferrocarriles. Esperamos un rato para subirnos al tren porque había mucha gente. Todos querían subirse al mismo vagón. ¡Era algo caótico!

Supe que sería un día maravilloso cuando llegamos a la cima. Empezaríamos allí el descenso. Nos pusimos el equipo y comenzamos el paseo entre pinos enormes. Todo se veía como un manto blanco. Como no sabía cuál era el camino correcto, cambié de ruta sin darme cuenta. Llegamos a una pendiente un poco empinada. Yo no estaba seguro si podría bajarla. María me mostró cómo hacerlo deslizándose suavemente. ¡Aunque yo no sea su héroe, ella sí es mi heroína! Era mi turno y estaba un poquitín nervioso, pero me lancé. ¡Zum! Oía el viento rozar mis orejas. Al llegar abajo perdí el equilibrio y caí encima de María. ¡Los dos nos caímos y después nos reímos mucho!

Al continuar nuestro paseo, oímos una canción a lo lejos y luego vimos un vehículo acercarse. Era el guardabosques, que iba quitando la nieve del camino. Le preguntamos de dónde venía la canción. Nos explicó que la gente del poblado se reúne cada año para celebrar el invierno. Hacen un festival invernal.

María quiso ir. Cuando llegamos, la alegría de todos nos pareció contagiosa. Como ellos, nos pusimos a bailar y cantar. ¡Cuánto nos divertimos!"

El misterio de los guantes azules

Diptongo e hiato: Acentuación

crías	cuál	después
dirigían	dúo	frío
hacía	huéspedes	lío
ocurrió	pío	sabía
sandía	tía	veía

Palabras de uso frecuente

casa   detrás   dónde   dos   por

No sabía dónde había dejado mis guantes azules. Los busqué por todas partes. Les pregunté a todos en casa. Nadie sabía nada. Con el frío que hacía no me atrevía a ir afuera sin guantes. Me puse unos color sandía que me dio mi tía y salí a investigar.

"¿Por dónde empezaré?", pensé parada en el porche. De pronto vi unas huellas chiquititas en la nieve. Se dirigían hacia el río y continuaban más allá del sendero. Después seguían hasta ocultarse detrás de un árbol. Entonces oí un ruidito. ¿Cuál no sería mi sorpresa? Teníamos huéspedes. ¡Eran dos lobeznos chiquitines! Se me ocurrió que se iban a poner a aullar a dúo cuando me vieran, pero no dijeron ni pío. Se me quedaron viéndome fijamente, muy calladitos. Yo no sabía que había lobos con crías cerca de nuestra casa. Su mamá no estaría muy lejos. ¡Qué lío si me veía ahí a su regreso!

Pensé que sería mejor volver a casa, pero antes noté algo azul medio enterrado en la nieve. ¿Serían mis guantes? Miré hacia todos lados para asegurarme de que no corría peligro. Con una ramita levanté el bulto. Por supuesto, eran mis guantes. ¡Con razón no los encontraba! ¡Qué traviesos esos lobitos!

Regresé y le conté a papá lo que pasó. "Parece increíble, pero no es inusual. Una vez un caimán le robó su muñeca a mi abuela", dijo. "Después de todo, los seres humanos construimos casas en el hábitat de los animales. Debemos aprender a convivir con ellos y respetar su entorno".

Viaje al espacio
por Viktor Haizea

Librito de práctica de fonética
29A

Diptongo e hiato: Acentuación

aérea	afuera	ahí	arduas
astronautas	avión	bien	buenas
cielo	cohetes	condiciones	cuerpos
después	día	encienden	entrenamiento
enviado	espacio	estudiar	fuerza
hacia	héroes	países	podrían
realizar	reparaciones	Tierra	vía
viajes			

Palabras de uso frecuente

allí	estudiar	fuerza
hacia	Tierra	

Los astronautas son los exploradores modernos. Vuelan en transbordadores espaciales alrededor de la Tierra. Allí realizan experimentos importantes.

Para ser astronauta hay que estudiar en la universidad. Muchos astronautas han sido pilotos en la fuerza aérea.

Los astronautas tienen que estar en buenas condiciones físicas. Cumplen un régimen de entrenamiento específico en el cual realizan ejercicios físicos intensos.

En el espacio van a tener que soportar extremos de calor, frío y presión. Por eso los astronautas pasan pruebas arduas en máquinas especiales para que sus cuerpos se acostumbren.

Llega el día del despegue. Los astronautas se ponen trajes especiales y cascos. Suben al transbordador espacial que está conectado a unos cohetes.

Tres, dos, uno… los cohetes se encienden e impulsan al transbordador hacia el cielo y más allá, hacia el espacio.

Una vez que salen al espacio, se pierde el efecto de la gravedad. Los astronautas y los objetos dentro del transbordador empiezan a flotar. Gracias a estas condiciones, realizan experimentos especiales que no podrían hacer en la Tierra.

Este transbordador ha sido enviado a reparar un telescopio. Dos astronautas salen a realizar las reparaciones. Sus compañeros se quedan en el transbordador y desde ahí les dan instrucciones y supervisan lo que hacen.

Afuera se ve la Tierra con sus continentes, sus países y sus océanos.

Después de terminar las reparaciones, los astronautas se comunican con el centro de control para confirmar que todo está bien.

Más tarde los astronautas llaman a una escuela para hablar con una clase. Los estudiantes pueden ver a los astronautas a través de las cámaras que hay en el transbordador. La transmisión se realiza vía satélite.

El transbordador aterriza en la Tierra como un avión. Los astronautas han vuelto a la Tierra sanos y salvos. Han completado su misión y son recibidos como héroes.

La profesión ideal

Pasaje de práctica de fonética 29B

Diptongo e hiato: Acentuación

auxilios	azaleas	azotea
cosmonautas	curaría	diario
días	idea	ideó
océanos	parecía	pasearme
profesión	sabia	sabía
sonrió	superficie	

Palabras de uso frecuente

allí   cosas   eso   mi   también

Desde chiquilla sabía lo que quería ser de grande. Muchos niños no tienen ni idea, pero mi mamá decía que yo era muy sabia. Lo cierto es que quería ser muchas cosas. ¡Y apenas tenía siete años!

Mi primera profesión la decidí después de pasar unos días en casa de tía Luisa. Ella era doctora y me había regalado un maletín de primeros auxilios. Así que dije que yo también sería doctora y curaría a las personas.

Tío Javier era inventor y tenía un taller en la azotea de su casa. Allí ideó muchos juguetes creativos. Yo también inventaría cosas. Pensé que sería buena idea ser una doctora inventora.

Por mi cumpleaños, abuela Amelia me regaló un auto de pedales pequeñito. Me paseaba a diario por su casa en mi auto, con mi maletín de doctora y mis inventos. Entonces decidí ser taxista y pasearme todo el día por el patio, donde había una fuente de mosaicos rodeada de azaleas y árboles frutales. Eso, sería una doctora inventora taxista.

En casa de mi abuelo Leonel había un cuadro que me encantaba. Era una pintura de dos cosmonautas. Son lo mismo que astronautas, me explicó abuelo. Parecía que exploraban la superficie roja de un planeta. No se veía la Tierra ni sus océanos, sólo el espacio. Decidí que también quería ser cosmonauta y se lo dije a mi abuelo.

—Me encantaría tener una nieta doctora, inventora, taxista y cosmonauta —dijo mi abuelo y sonrió.

"Ésa sería la profesión ideal", pensé yo muy contenta.

Mauricio, el sabio

Diptongo e hiato: Acentuación

área	canoas	causa
cuándo	creo	desbordaría
incendian	inundaciones	meteoros
noticias	país	rió
río	sabía	sabio
sequía	también	veamos

Palabras de uso frecuente

con que rojos siempre su

—Creo que Mauricio es un sabio —le dije a papá—. Siempre sabe cuándo va a llover. Ayer cayó un aguacero y por la mañana lo vi salir con su paraguas.

Papá se rió y me dijo: —Tu hermano no es un sabio. Él sabía que iba a llover porque vio el informe del tiempo. Cada mañana, en las noticias informan sobre las condiciones meteorológicas del día. Dicen si hay probabilidad de lluvia o si va a estar soleado.

—Mauricio también dijo que el río se desbordaría. ¡Y se desbordó! Vi las inundaciones y la gente en canoas —exclamé.

—También lo supo por las noticias —dijo papá—. La temporada de lluvia causa inundaciones en esta área del país. Al contrario, cuando hay sequía el río se seca. Con las inundaciones y con las sequías se pierden las cosechas y hay escasez de alimentos.

Las explicaciones de papá eran muy buenas, pero no me convencían. Así que pregunté:

—Mauricio dice que las estrellas fugaces son meteoros que se incendian al entrar en la atmósfera de la Tierra. Dice que también ocurren de día, aunque no las veamos. Si no es un sabio, ¿cómo sabe eso?

—Lo aprendió en su clase de ciencias —dijo papá.

—¿Cuándo iré yo a una clase de ciencias? —pregunté ansioso—. Quiero saber por qué los cangrejos son rojos y cómo vuelan los aeroplanos.

—En la escuela primaria tú también estudiarás ciencias. Es muy interesante. Eso sí, debes leer mucho —dijo papá.

Eso no será un problema. Yo ya estoy aprendiendo a leer en mi clase de kindergarten.

Las fotos de la abuela

por Viktor Haizea

Librito de práctica de fonética
30A

Acentuación de verbos conjugados

dijo	entró	envió	está
estaba	estoy	estudias	estuvo
explicó	fuimos	había	haces
miró	podemos	preguntó	puedes
puso	quieras	quisiera	rió
señalando	sentada	sentó	súbele
tengo	tenía	tienes	tocó
tomaban	tomó	vivía	

Palabras de uso frecuente

abuela	estoy	joven
llegar	puerta	

Jasmine estaba en la sala de estar, sentada frente a la computadora, cuando entró su mamá.
—¿Qué haces, Jasmine? —le preguntó.
—Estoy viendo unas fotos digitales que me envió mi amiga Lisa por correo electrónico. Ella estuvo de viaje con su familia y tomó muchas fotos.

La mamá de Jasmine puso unos sobres al lado de la computadora.

—Acaba de llegar el correo de tu abuela. Por favor súbele estas cartas —le dijo.

La abuela vivía con la familia de Jasmine. Tenía su propia habitación en el segundo piso. Jasmine tocó la puerta.

—Pasa adelante —dijo su abuela.

Jasmine entró a la habitación. Su abuela estaba sentada frente a su pequeño escritorio, con un libro grande y grueso en las manos.

—¿Qué es eso, abuela? —preguntó Jasmine.
—Es uno de mis álbumes de fotos.

Jasmine miró el álbum. En cada página había cuatro o cinco fotos impresas en papel. Algunas estaban a color y otras estaban en blanco y negro.

—Yo tengo un álbum en mi computadora —dijo Jasmine.

La abuela sonrió y dijo: —Cuando yo era joven no había computadoras ni cámaras digitales. Las fotos se tomaban en rollos de película y se revelaban en estudios de fotografía.

Jasmine se sentó a ver las fotos con su abuela.

—En esta foto puedes verme con mis padres y mi hermano John. Fuimos de paseo al bosque de secuoyas que está en California.

—¿Qué son las secuoyas? —preguntó Jasmine.

—Son árboles gigantescos —explicó la abuela—. En esta foto estoy parada junto a un árbol.

—Aquí ya te ves más grande —dijo Jasmine, señalando otra foto.

—Estaba estudiando en la universidad —dijo la abuela—. Y aquí estoy en Italia. Fui durante un semestre en un programa de intercambio.

—Yo quisiera ir a Italia algún día —dijo Jasmine.

—Si estudias y trabajas duro, puedes lograr todas tus metas —dijo su abuela.

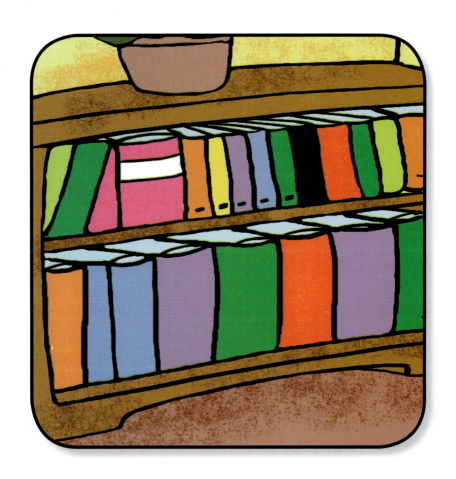

—¿Tienes más fotos? —preguntó Jasmine.

La abuela se rió. —Tengo muchas más —dijo, señalando un estante en la esquina de la habitación. El estante estaba lleno de álbumes.

—¿Podemos verlas?

—Puedes venir a ver las fotos conmigo cuando quieras —dijo la abuela—. Hay muchas historias y aventuras en esos álbumes.

El día de la foto familiar

Pasaje de práctica de fonética 30B

Acentuación de verbos conjugados

bajé	continué	decidí
encerró	explicó	había
lavándose	noté	pregunté
ríes	saldrá	sonrió
tapándome	veía	vendría

Palabras de uso frecuente

además   caer   jardín   qué   sol

Estaba leyendo cuando llegó mi hermano Eloy. Se veía muy extraño. Tenía la mitad de la cara muy roja. Le pregunté qué le había pasado.

—Me quedé dormido al sol, con un libro tapándome media cara. ¿De qué te ríes? Es una tragedia que me ocurra esto hoy. ¡Es el día de la foto familiar!

Eloy se fue furioso y se encerró en su cuarto. Continué leyendo, pero a la media hora entró mamá. Se veía muy rara. Además, noté que estaba muy enojada. Vendría de la peluquería, porque la oí murmurar: "No puedo creer que me tiñeron el pelo de este color tan feo. Precisamente hoy, que es el día de la foto familiar".

Entonces me asomé por la puerta del baño y vi que estaba lavándose el pelo. El agua corría rojiza por el lavabo. Cuando terminó, ¡tenía el pelo rosado! Mamá empezó a gritar, así que bajé al jardín.

Al ratito llegó mi abuelo, que es fotógrafo. Él nos tira la foto familiar que nos sacamos cada año. Activa la cámara automáticamente con un cordón y así él también sale en la foto. Decidí contarle todo lo que pasaba antes de que viera a Eloy y mamá y se fuera a dar un susto.

Entonces llegó papá, ¡con un yeso en la mano!

—¿Y a ti qué te pasó? —dijimos abuelo y yo a la misma vez.

Nos explicó que había tropezado al bajarse del autobús. Tuvo que ir al hospital porque se fracturó la muñeca al caer.

—La foto familiar de este año saldrá muy interesante —dijo abuelo y me sonrió.

Abuelo venció el miedo

Acentuación de verbos conjugados

acerqué	añadió	aprenderás
contó	dormían	enseñarías
estudiarás	explicó	pedí
perteneció	saqué	sentirían
sostenían	temía	viajaré

Palabras de uso frecuente

fue   fuego   montañas   noche   nubes

Mi abuelo ha tenido una vida muy interesante. El otro día me contó que cuando era joven escalaba montañas. Perteneció a un club alpino que iba de excursión a diferentes países.

—¿Me enseñarías fotos de esas aventuras? —le pedí y enseguida fue a buscar un álbum.

En la portada decía "De Alaska a los Andes". La primera foto era de un grupo en la cima de un pico helado. Los de la fila del frente sostenían una pancarta con el nombre del club. Ahí estaba mi abuelo, el aventurero.

—Yo le temía a las alturas. Decidí unirme al club para vencer el miedo —me explicó. Añadió que desde tan alto, las nubes ya no se ven arriba en el cielo, ¡sino abajo! Pensé que así se sentirían los pájaros al volar.

En otra foto estaba sólo él, tapado hasta las orejas. Era de noche y se veía el fuego de una fogata. Me contó que allí, en los Andes, hacía mucho frío, pero que dormían en tiendas de campaña resistentes al viento y sacos de dormir térmicos.

Saqué otra foto y la acerqué para verla mejor. Abuelo estaba sentado en una roca, acomodando en fila unas bolsitas.

—¿Qué son? —pregunté intrigada.

—Nuestra comida —dijo y sonrió—. Cuando tienes que caminar durante días, debes cargar lo menos posible. Llevábamos comida deshidratada en esas bolsitas. Así no pesa mucho.

—¡Yo también viajaré por el mundo con todas mis cosas en una mochila! —dije entusiasmada.

—¡Claro! Pero por ahora estudiarás mucho y aprenderás sobre otras culturas —me aconsejó abuelo. Me pareció buena idea.